# ADRESSE

## A L'ASSEMBLÉE NATIONALE,

*Par des Indiens et par des Négocians de L'ORIENT réunis.*

L'ORIENT, le 18 Septembre 1789.

NOSSEIGNEURS,

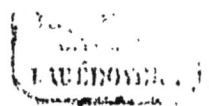

Le patriotisme devenu plus actif et plus libre, depuis les mémorables Décrets que vous avez rendus, et qui assurent la régénération, la félicité et la liberté du Peuple François, nous engage à vous adresser nos respectueuses représentations. Pourrions-nous être indifférens à la chose publique, et garder un silence que nos consciences nous reprocheroient éternellement, lorsque vous donnez vous-mêmes des preuves héroïques de votre dévouement à la Patrie ; lorsque toutes les avenues sont ouvertes pour porter jusqu'aux pieds du Trône, les vœux des Citoyens ; et lorsque notre Auguste Monarque, réuni de sentimens avec vous et avec son Peuple, ne s'occupe que de la prospérité et de la gloire de l'Empire.

A

Si nous nous trompons dans nos vues, nos intentions sont droites, et nous espérons que vous rendrez justice aux sentimens qui nous animent.

Nous vous supplions, NOSSEIGNEURS, de vouloir bien donner quelque attention au Mémoire qui accompagne cette Adresse. Nous nous reposons sur vos lumières, et sur les démarches que vous dictera votre patriotisme, pour arrêter l'effet des ordres qui n'ont pu être donnés qu'à la surprise, et qui ne tendent pas moins qu'à déshonorer la Nation au yeux de toute l'Asie, à perdre tout le crédit qu'elle pourroit espérer d'établir dans cette contrée du monde, et à détruire l'espoir d'y figurer un jour d'une manière qui convienne à sa dignité et à sa puissance.

Nous sommes avec le plus profond respect,

NOSSEIGNEURS,

Vos très-humbles, etc.

*Signé par plusieurs Indiens, et par la plupart des Négocians de l'Orient.*

# MÉMOIRE

## ADRESSÉ

## A L'ASSEMBLÉE NATIONALE,

Par des Habitans de la Ville de l'Orient, en Bretagne, dont une partie a été dans les Grandes Indes, et l'autre partie y entretient des relations par le commerce.

Nous avons appris que le Ministère avoit expédié dans l'Inde un ordre du Roi d'évacuer Pondichéry. Les troupes qui composent la garnison de cette place, doivent se replier à l'Isle-de-France. Voilà le sujet de nos représentations.

Un Arrêt du Conseil-d'Etat du Roi a, dit-on, autorisé le Ministre de la Marine à cette fausse démarche. Un Mémoire spécieux, dont nous avons eu connoissance, a induit le Gouvernement en erreur. Le même écrit présente des faits évidemment faux, et indique en même-temps un projet de défense pour l'Isle-de-France. Nous ne nous arrêterons pas à ces particularités, persuadés que le Ministre actuel prendra conseil des gens sages et éclairés. Nous nous bornerons à combattre le projet de l'évacuation de Pondichéry.

L'Auteur du Mémoire en question pose pour principes :

1°. Que l'entretien des troupes dans l'Inde coûte beaucoup à l'Etat.

2°. Que la conservation de l'Isle-de-France étant plus importante que celle de Pondichéry, c'est dans la première que l'on doit concentrer une somme de forces, capable non-seulement de la défendre en cas d'attaque, mais encore d'agir hostilement dans les Indes, en cas de guerre.

A ij

3º Que Pondichéry sera toujours la proie de l'ennemi , dès es premières hostilités , fût-il bien fortifié , eût-il une forte garnison.

4º. Que cette place est par conséquent inutile à la défense de l'Isle de-France.

5º. Que pour agir hostilement dans l'Inde , il n'est pas nécessaire d'y avoir un point d'appui.

6º. Que la politique de l'Inde est nulle , et qu'on n'en doit pas connoître d'autre , qu'une Escadre supérieure , une Armée redoutable et beaucoup d'argent. Avec ces moyens, l'Auteur du Mémoire promet des succès , sans le secours d'un point d'appui dans l'Inde , ni même d'un Prince Indien.

Tels sont , en peu de mots , les motifs qui ont déterminé le résultat incroyable que nous avons exposé ci-devant, et sur lesquels nous demandons quelque attention , pour en faire sentir les erreurs. Nous nous renfermerons dans la discussion de ces motifs, persuadés que l'Assemblée Nationale trouvera dans son sein, ou autour d'elle , des personnes en état de lui fournir des détails plus développés que ceux que nous lui adressons , si elle desire de plus grands éclaircissemens. Des militaires connus par leur capacité , et par le rôle important qu'ils ont joué dans l'Inde, puisqu'ils y ont alternativement commandé, tels que M. Law de Lauriston, qui a fait, dans le Bengale et à la Côte Coromandel , un séjour de plus de vingt-cinq ans ; tels que M. de Bellecombe , qui a si vaillamment défendu Pondichéry , tels que M. le Vicomte de Soüillac, qui a commandé pendant dix ans aux Isles-de-France et de Bourbon, avec l'approbation générale , et qui a été Commandant en chef de tous les Établissemens Français dans les Indes ; tels que M. le Chevalier de Peinier , qui a si bien secondé M. de Suffren : des Citoyens tels que M. de Mouneron , qui a été Administrateur à Pondichéry , et nombre d'autres, pourront être consultés , et donner à l'Assemblée Nationale tous les éclaircissemens qu'elle desirera. Nous ne doutons pas que ces Officiers-

Généraux, ces Administrateurs, ne réunissent leurs voix aux nôtres, pour improuver le projet d'abandonner l'Inde.

Nous allons rappeler alternativement les motifs que nous avons exposés ci-devant, pour les discuter séparément et succinctement.

1°. *L'entretien des troupes dans l'Inde coûte beaucoup à l'Etat.*

Ce principe est faux en lui-même. La paye des troupes blanches est la même à Pondichéry qu'à l'Isle-de-France : leur nourriture est moins chère dans l'Inde que par-tout ailleurs.

L'entretien des troupes noires, connues sous le nom de Sipahis, est infiniment moins cher.

Pondichéry a des revenus territoriaux, qui couvrent une partie des dépenses qu'il coûte à l'Etat.

Les revenus de cette ville et de son territoire, en y comprenant les droits d'entrée, joints à ceux de Karikal et de ses dépendances, montent annuellement à douze cents mille livres environ. On ne fait pas mention ici du *droit d'indult*, imposé sur toutes les marchandises des Indes, et par conséquent sur celles de la Côte Coromandel.

Nous convenons cependant que si le Gouvernement étoit forcé d'opter entre Pondichéry et l'Isle-de-France, pour fixer des troupes dans l'une ou dans l'autre Colonie, ce seroit dans cette dernière qu'on devroit les établir par préférence, sans s'arrêter à la plus forte dépense de leur entretien, parce que la différence est très-modique, et parce que nous regardons l'Isle-de-France comme la clef de l'Inde ; mais nous pensons qu'on doit distribuer des troupes dans les deux Colonies, proportionnellement au nombre que la prudence et la politique exigent.

2°. *Que la conservation de l'Isle-de-France étant plus importante que celle de Pondichéry, c'est dans la première que l'on doit concentrer une somme de forces, capable non-*

eulement de la défendre en cas d'attaque, mais encore d'agir hostilement dans les Indes, en cas de guerre.

Nous sommes de cet avis, relativement à l'importance de Isle-de-France, et à la préférence que l'on doit lui donner; mais nous pensons que cette préférence ne doit pas être exclu-ive, et nous regardons Pondichéry comme un poste avancé ui défend l'Isle-de-France, en même-temps qu'il observe et nenace l'ennemi; qui peut l'inquiéter, et même fournir au esoin de puissans secours pour l'attaquer.

3°. *Que Pondichéry sera toujours la proie de l'ennemi, ès les premières hostilités, fût-il bien fortifié, eût-il une orte garnison.*

Il n'appartient qu'à l'Auteur dont nous combattons les prin-ipes, de prendre un ton de prophétie qui ne peut pas nous éduire. Il a porté trop haut la mesure des forces des Anglais ans les Indes. Nous croyons qu'il leur sera impossible à jamais e réunir, dans cette partie du monde, une Armée de douze nille hommes effectifs de troupes blanches et réglées, les eules qui soient propres à l'attaque des places.

L'Auteur entraîné par son système, en a outré les consé-uences. Lorsqu'il a rédigé son Mémoire (en 1785), Pondi-héry n'étoit pas fortifié; il l'est aujourd'hui presqu'en totalité. 'Auteur n'avoit pas prévu que les travaux seroient poussés vec tant de célérité.

Nous opposerons d'abord des faits à son assertion tranchante; nsuite nous la discuterons par des raisonnemens puisés dans s probabilités, et dans les principes qui sont généralement dmis.

M. Dupleix a défendu cette place avec succès contre des rces de terre et de mer infiniment supérieures. Il avoit mille ommes de troupes réglées, et cinq cents hommes de mer. Les nglais avoient six mille hommes de troupes blanches, et dix-pt vaisseaux de guerre. M. de Bellecombe, avec une poignée e monde, a tenu long-temps la puissance anglaise en échec, aux pieds des murs de cette ville , qui n'étoit pas alors dans l'état de défense où elle est aujourd'hui. Personne ne doute que si ce brave Général avoit été secondé par la Marine, ou même s'il avoit eu dans la place quatre cents hommes de plus, elle n'eût été imprenable entre ses mains.

L'Auteur du projet n'a pas calculé sans doute jusqu'où pouvoient aller les efforts du patriotisme , si fortement imprimés dans le cœur de tous les François, depuis l'heureuse révolution qui leur assure la liberté.

Mais sans nous arrêter à des effets si bien présumés et si certains, entrons dans quelques détails.

La garnison de Pondichéry est, dans le moment où l'on vient d'en ordonner l'évacuation, de deux mille deux cents hommes environ de troupes blanches , sans compter les Sipahis et les Cafres attachés à l'Artillerie , et sans y comprendre la Milice Bourgeoise , et les Matelots qui peuvent y être restés pour cause de maladie , ou qui peuvent s'y trouver au moment de l'attaque. Comptons sur trois mille hommes de troupes blanches , de François, de patriotes.

Il faut donc une armée de neuf mille hommes au moins pour entreprendre le siège de Pondichéry , dans un pays où les opérations militaires causent bien plus de fatigues qu'en Europe. Nous disons neuf mille hommes de troupes blanches au moins ; car les noires qui servent utilement à la défense d'une forteresse , sont comptées pour rien dans l'attaque d'une place. Les Anglois entretiennent dix mille hommes de troupes dans toutes les Indes ; mais peuvent-ils, pour une opération militaire , dont le succès est incertain , dégarnir les possessions immenses qu'ils ont en Asie ? N'ont-ils pas à craindre l'arrivée subite des renforts de l'Isle-de-France , ou quelque entreprise inopinée sur leurs possessions dégarnies? Peuvent-ils se flatter que pendant l'absence de leurs troupes, les Princes Indiens resteront dans l'inaction, soit dans le Bengale , soit à la Côte Malabare ? Ne peut-on pas espérer que nos négociations politiques nous procureroient des secours de la part de quelqu'un de ces mêmes Princes Indiens ? Enfin, la réunion d'une armée à la Côte Coromandel, avant les hostilités (car c'est ainsi que l'Auteur du projet a présenté les choses), ne donnera-t-elle pas de l'ombrage au Commandant de Pondichéry, et ne lui inspirera-t-elle pas l'idée de demander des secours à l'Isle-de-France; car nous pensons, avec l'Auteur, qu'il convient à la politique et à la dignité du nom françois, de réunir dans cette Isle une masse de forces assez considérable, pour la mettre en état d'agir hostilement dans les Indes, en cas de guerre, sans compromettre son salut, et en même-temps sans abandonner Pondichéry ? Nous pensons encore que pour assurer à la Nation la possession de cette place importante, il seroit à propos d'achever entièrement ses fortifications, de les augmenter même, et de corriger ce qu'elles peuvent avoir de défectueux. Plus elle aura de moyens de défense, plus elle exigera de troupes pour en faire le siège.

Mais en admettant que les Anglois se hasardent à réunir, à la Côte Coromandel, une armée de neuf mille hommes, composée des garnisons de leurs différentes possessions, pour entreprendre le siège de Pondichéry; en admettant encore que les Indiens resteront dans l'inaction ; que nos négociations ne nous procureront aucun secours, ou n'exciteront aucune diversion en notre faveur ; que l'Isle-de-France ne sera pas en état de secourir l'Inde par quelque cause que ce soit, nous pensons que Pondichéry défendu par trois mille hommes, ne doit pas tomber au pouvoir de l'ennemi, si la place est pourvue de vivres et de munitions de guerre, si ses fortifications sont en bon état, et si la défense est aussi bien entendue que vigoureuse, comme on a lieu de s'y attendre de l'esprit de patriotisme qui s'est emparé de tous les cœurs.

4°. *Que cette place est inutile à la défense de l'Isle-de-France.*

Si elle doit être enlevée facilement et sans qu'il en coûte

à l'ennemi, elle est sans doute inutile : mais si, malgré ses efforts, Pondichéry reste sous la domination de la France, ne tient-il pas en échec les forces angloises à la Côte Coromandel ? N'ont-elles pas à défendre Madras, Négapatan, Mazulipatan, et leurs possessions territoriales de cette Côte et de celle d'Orixa, qui pourroient être ravagées si elles étoient dégarnies ?

5°. *Que pour agir hostilement dans l'Inde, il n'est pas nécessaire d'y avoir un point d'appui.*

Nous demandons à tous les militaires, si, pour porter la guerre à six mille lieues de la France, il est nécessaire ou non, d'avoir un point d'appui. Nous rappellerons l'expédition de l'Inde de la dernière guerre. M. Duchemin, malgré les secours fournis par Hyder-Aly-Kan, et malgré la protection puissante de ce Prince, a d'abord cherché lui-même un point d'appui maritime, pour en faire le dépôt des malades de son armée et des munitions de guerre et de bouche, et le rendez-vous des forces maritimes et terrestres de la Nation. Ni ce Général, ni M. de Bussy qui lui a succédé dans le commandement, n'ont pu faire aucun mouvement. Ils n'ont pas trouvé dans une place dépourvue, tous les moyens, tous les secours nécessaires, pour mettre une armée en marche, tandis que l'armée angloise, qui avoit un puissant point d'appui dans Madras, a toujours tenu la campagne, quoiqu'elle fût occupée et dévastée par la nombreuse armée d'Hyder-Aly-Kan.

En effet, il nous paroît nécessaire, pour mettre une armée en marche à la Côte Coromandel, d'avoir l'assistance des gens du pays, soit pour les approvisionemens en vivres, soit pour la marche de l'artillerie, soit pour le transport des bagages, etc. On a même besoin d'eux pour descendre à terre ; car le débarquement ne peut pas s'opérer avec les chaloupes et les canots des vaisseaux. Nous sentons qu'à la rigueur on pourroit vaincre cette difficulté, en embarquant sur l'Escadre

B

des chelingues; mais c'est une difficulté ajoutée à beaucoup d'autres. Si l'on n'a pas un point d'appui bien muni de toutes choses, quel attirail immense ne doit-on pas joindre aux forces militaires de terre et de mer, pour se mettre en état de former quelque entreprise?

L'armée navale elle-même a besoin d'un point d'appui. Cette assertion est trop évidente pour qu'il soit nécessaire de la prouver. Où débarquera-t-elle ses malades? Où prendra-t-elle de l'eau, du bois, des vivres, des munitions de guerre, des effets nautiques? Où se réparera-t-elle après les combats? Où se réfugiera-t-elle après une défaite?

Pour agir hostilement dans l'Inde, il faut sans doute, comme par-tout ailleurs, des forces et de l'argent; mais quels secours ne donne pas un point d'appui? 1°. Un débarquement prompt et facile. 2°. Du repos et des rafraîchissemens aux troupes, après un voyage de mer. 3°. Un lieu de dépôt pour les malades et les blessés. 4°. Des vivres, de l'eau et du bois, 5°. Des munitions de guerre. 6°. Des munitions navales. 7°. Des ouvriers dans tous les genres, pour le service de l'armée de terre, et pour les besoins de celle de mer. 8°. Des charrois pour l'artillerie. 9°. Des charrois et des *coulis* pour le transport des bagages de l'armée de terre. 10°. Un point de réunion. 11°. Protection en cas de défaite de l'armée de terre, ou de l'armée de mer. 12°. Des instructions certaines sur la position de l'ennemi, d'où dérive la détermination des entreprises. 13°. Des négociations avec les Princes Indiens, etc.

Nous nous arrêtons ici, parce que l'Auteur du sinistre projet prétend (c'est son sixième motif:)

*Que la politique de l'Inde est nulle, et qu'on n'en doit pas connoître d'autre qu'une escadre supérieure, une armée redoutable, et beaucoup d'argent. Avec ces moyens, l'Auteur promet des succès, sans le secours d'un point d'appui dans l'Inde, ni même d'aucun prince Indien.*

Il vaudroit autant dire que la politique est nulle par-tout;

qu'on ne peut jamais se faire des alliés ; qu'il est impossible de mettre dans notre parti aucun Prince mécontent et opprimé, ambitieux ou jaloux, à qui nous offririons la plus grande partie de nos conquêtes, et cela dans un pays où règne une sorte d'anarchie ; où l'ambition ne connoît point de frein ; où l'usurpation ne prend pas même de prétexte ; où l'on ne connoît d'autres lois que celles du plus fort ou du plus adroit.

Loin de nous ces opinions erronées et téméraires, qui cherchent à se distinguer par leur nouveauté et par leur singularité. Loin de nous ces systèmes hardis, qui n'ont d'autre mérite que d'attaquer les idées le plus généralement reçues, et les principes les mieux fondés sur l'expérience et sur la raison, pour y substituer les écarts d'une imagination déréglée.

Nous croyons avoir assez réfuté les principes de l'Auteur du fatal projet, d'autant plus que nous parlons aux personnes les plus éclairées de la Nation, et en même temps les plus patriotes. Nous ajouterons cependant quelques considérations qui nous paroissent essentielles à la cause que nous défendons, moins dans la vue d'instruire, que pour justifier notre opinion, notre démarche et nos intentions.

PREMIÈRE. Si Pondichéry est abandonné, car c'est l'abandonner que l'évacuer, le nom françois est flétri dans toute l'Asie. En vain les ambassadeurs de Tipou-Sultan répandront-ils dans cette partie du monde, tout ce qu'ils ont vu de la magnificence et de la puissance du Roi ? En vain feront-ils l'éloge de l'étendue, de la culture et de la population du Royaume, de nos arts, de notre commerce, de notre marine, de la multiplicité et de la somptuosité de nos villes ; ils ne seront pas écoutés ? Les Anglois, de leur côté, ne manqueront pas d'assurer hautement toutes les Cours de l'Asie, qu'ils nous ont forcé à cet abandon, à cette humiliation. C'est vraiment alors que la politique de l'Inde sera nulle pour nous. En vain nous y reparoîtrions en force ; en vain nous y aurions des succès. Les Indiens craindroient toujours que nous ne les abandonnassions un jour au ressentiment des Anglois, puisqu'ils auroient vu que nous avons renoncé à former un établissement fixe et solide dans l'Inde, et qu'ils auroient pris avec fondement le préjugé de la supériorité de la Nation angloise sur la françoise.

Le nom françois seroit donc avili aux yeux de toute l'Asie, si l'on adoptoit le projet d'un abandon qui nous paroît indigne de la majesté de l'Empire. L'Assemblée Nationale, en réveillant dans tous les cœurs le sentiment du patriotisme, a voulu sans doute réchauffer en même temps celui de l'honneur. Nous croyons ne pas nous tromper. L'honneur défend à la Nation d'abandonner Pondichéry, quand même la politique s'y opposeroit ; quand même cette place devroit nous coûter annuellement de fortes sommes en pure perte. L'honneur est tout, et l'argent est peu de chose.

SECONDE. Abandonner des compatriotes, nos concitoyens, nos frères!.... Et c'est la Nation la plus généreuse qui consomme froidement et inhumainement ce sacrifice ! Mais non, la Nation n'a pas prononcé. Elle a seule le droit de prononcer sur leur sort, et de rejeter de son sein des concitoyens dignes du glorieux nom de françois, et qui l'ont honoré dans toutes les occasions. Elle ne se déterminera à ce sacrifice que par les considérations les plus importantes ; et dans ce cas, elle sentira qu'il est de sa justice et de sa loyauté d'accorder un dédommagement à des compatriotes qui seroient ruinés par ses décrets.

Les habitans de Pondichéry ont montré pendant trois guerres leur zèle pour la patrie. Deux fois ils en ont été les victimes. On les a rappelés à leurs foyers, en leur promettant secours et protection. Sur cette parole, ils ont fait sortir une nouvelle ville des décombres, et sur les ruines de l'ancienne. Ils ont élevé leurs maisons, en même temps qu'ils ont vu réparer les fortifications démolies de la place. Elles sont presque achevées aujourd'hui. Et on la livreroit au premier brigand qui

s'en rapprocheroit.... et qui n'auroit d'autre but que de la
rançonner, de la piller et de l'affamer! On ne doit pas se flatter
que Tipou accepte la propriété, ni même la garde de cette
place. La propriété!.... Quoi! l'on livreroit des François, des
citoyens, des hommes libres, sans leur aveu, à un Prince
Indien ! Quoi ! l'on confieroit la garde de nos frères à un
Prince Indien!....

La générosité, l'humanité, le patriotisme, d'accord avec
l'honneur, nous défendent donc de suivre un projet si faux, si
inhumain, si flétrissant, si impolitique.

TROISIÈME. Pondichéry renferme actuellement une très-
grande quantité de munitions de guerre, et d'autres effets ap-
partenans au Roi. Qu'en fera-t-on? Les y laissera-t-on? Elles
deviendront bientôt la proie des Indiens ou des Anglois. Les
transportera-t-on à l'Isle-de-France ? Il faudra donc armer ex-
près quarante vaisseaux environ pour ce transport ; et si dans
la suite l'on veut agir hostilement dans l'Inde, il faudra encore le même nombre de vaisseaux, pour y réexporter les mêmes
munitions de guerre.

QUATRIÈME. Le commerce de l'Inde n'est pas aussi considérable pour la Nation, qu'il l'étoit autrefois ; mais s'il est
protégé, et sur-tout si les privilèges exclusifs sont abolis, il
peut se ranimer et s'étendre. Ce commerce est nécessaire à la
traite des esclaves. Il intéresse par conséquent toutes nos colonies, et par contre-coup tout le Royaume.

En abandonnant Pondichéry, nous perdons à jamais l'espoir
de le revivifier. Les Indiens qui y sont domiciliés, et qui n'y
subsistent que par leur travail et par leur industrie, ne trou-
vant plus les mêmes ressources, et n'ayant aucune confiance
dans la Nation, porteront ailleurs leur labeur et leurs talens,
et ne feront qu'accroître les moyens de puissance de nos rivaux.
D'où il résulte qu'en évacuant Pondichéry, le commerce de
l'Inde est perdu pour nous.

CINQUIÈME. On publie qu'on doit remettre cette place

entre les mains de Tipou Sultan , et l'on s'est flatté que ce
Prince consentiroit à la recevoir et à la garder. On croit que
par ce moyen cette ville sera à l'abri d'une invasion , dans le
cas d'une rupture entre la France et l'Angleterre. Regardant ce
Prince comme un allié fidèle , inébranlable dans ses usurpa-
tions , et immortel , on prétend s'assurer par-là un point d'appui,
dans le cas d'une guerre entre la France et l'Angleterre.

Un peu de réflexion suffira , pour faire sentir le vice de ce
projet.

Pondichéry , situé dans le Carnate , nous a été concédé avec
ses dépendances par le Nabab d'Arcate. Mameth-Aly-Kan,
qui est entièrement et depuis long-temps voué aux Anglois,
s'opposera vraisemblablement à ce qu'un territoire , sur lequel
il a des droits incontestables , passe entre les mains d'un Prince
son rival. Sa politique et celle des Anglais ne leur permettent
pas d'avoir si près d'eux un voisin aussi ambitieux , aussi redoutable.

Qui nous répond même que Tipou acceptera notre propo-
sition ? Est-il impossible qu'elle ne convienne pas à ses desseins?
Ne peut-il pas se trouver dans des conjonctures qui exigent
qu'il ménage les Anglois et le Nabab d'Arcate ; par exemple ,
s'il étoit en guerre avec les Marates et avec Nisam-Aly ? S'il
accepte nos offres , sommes-nous assurés qu'il tiendra inviola-
blement sa parole , et qu'il gardera Pondichéry , pour nous en
ouvrir les portes à la première guerre. Ne lui conviendra-t-il pas
d'en enlever de force la petite garnison françoise que nous y
laisserions , pour la joindre à son armée , et d'en retirer toutes
les munitions de Guerre ? Ne peut-il pas se faire que les Anglois,
d'intelligence avec Mameth-Aly , rompent avec Tipou , et
commencent brusquement et inopinément ces hostilités par
l'attaque de Pondichéry , dans un temps où la paix nous don-
nant une sécurité trompeuse , ne nous permettroit pas d'em-
brasser la défense de notre allié ? Ne peut-il pas lui-même ,
renonçant à notre alliance qui ne rempliroit point ses vues ,

en contracter une avec les Anglois ? Nous convenons qu'elle ne sera vraisemblablement que simulée de part et d'autre, et que ces deux puissances rivales sont essentiellement ennemies ; mais les circonstances peuvent forcer long-temps Tipou à la dissimulation, et nous faire manquer les projets les mieux concertés.

Qui nous répondra que ce Prince jalousé, craint, haï des Anglois, des Marates et de Nisam-Aly Soubab du Dékan, sera inébranlable sur son trône, dans un pays où les révolutions sont fréquentes, où tous les moyens de succès, *per fas et nefas*, sont employés, où l'on trouve souvent les plus cruels ennemis dans les personnes que l'on a comblées de bienfaits, dans celles à qui l'on a livré le plus de confiance, et jusque dans sa propre famille ?

Qui nous assurera que Tipou vivra éternellement ; que ses Etats ne seront pas divisés après sa mort ; que son successeur embrassera les mêmes alliances, les mêmes projets, les mêmes desseins, et qu'il aura autant de talens et autant de bonheur, pour en assurer l'exécution ?

Mais quand même aucune de ces hypothèses n'auroit lieu, quand même nous serions assurés d'être reçus à Pondichéry, à la première guerre, comme dans une ville de notre domination, nous n'y trouverions plus les mêmes ressources ; et ce point d'appui ne nous seroit plus que d'une utilité médiocre. Cette ville ne subsiste que par le commerce, et par les dépenses de l'administration royale. Le commerce et les dépenses cessant, la ville se dépeupleroit bientôt.

TELLES sont les réflexions que le patriotisme nous a dictées. Si elles entraînent les suffrages de l'Assemblée Nationale, nous nous reposons sur elle des démarches que sa sagesse lui inspirera auprès d'un Roi Citoyen, le Restaurateur de la liberté française, pour l'engager à faire passer dans l'Inde les contre-ordres les plus prompts. Nous croyons devoir observer que l'expédition d'une seule Corvette ne suffit pas, lorsqu'il s'agit d'une mesure d'aussi grande importance, et qu'il est à propos de multiplier les duplicata. Nous avons à l'Orient dans ce moment un vaisseau de commerce en armement pour l'Isle-de-France. La caravane offre encore un moyen d'expédier promptement des paquets pour l'Inde.

FAIT double, à l'Orient le 18 Septembre 1789; l'un pour l'Assemblée Nationale, et l'autre pour être conservé dans les Archives du Commerce de ladite Ville.

Signé *par plusieurs Indiens, et par la plupart des Négocians de l'Orient.*

A PARIS, DE L'IMPRIMERIE DE MONSIEUR, 1789.

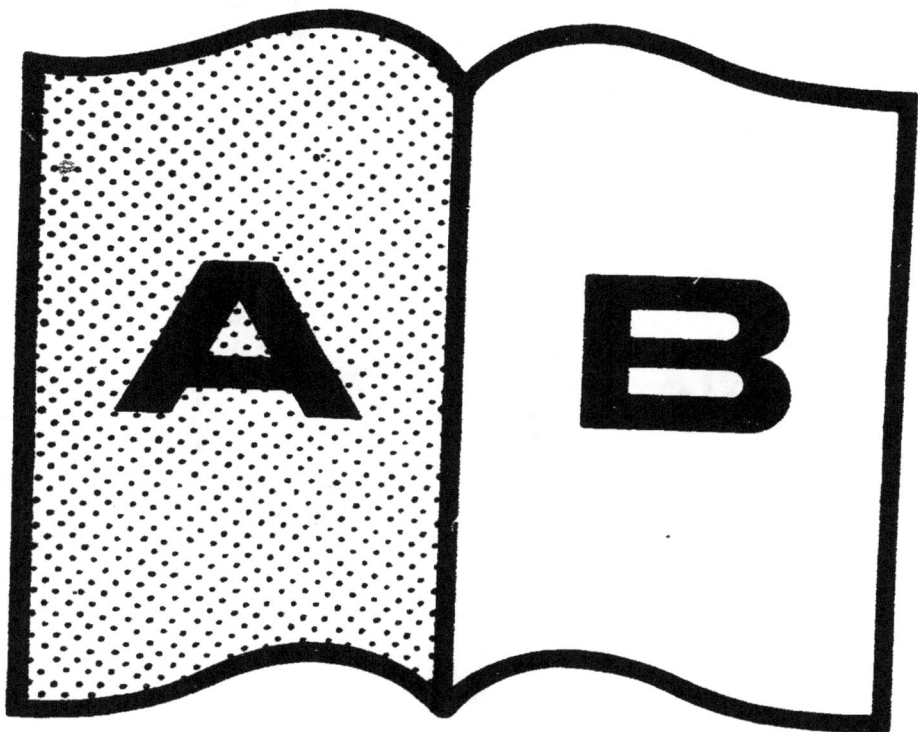

Contraste insuffisant

**NF Z 43**-120-14

www.ingramcontent.com/pod-product-compliance
Lightning Source LLC
Chambersburg PA
CBHW060718280326
41933CB00012B/2480